AF497680

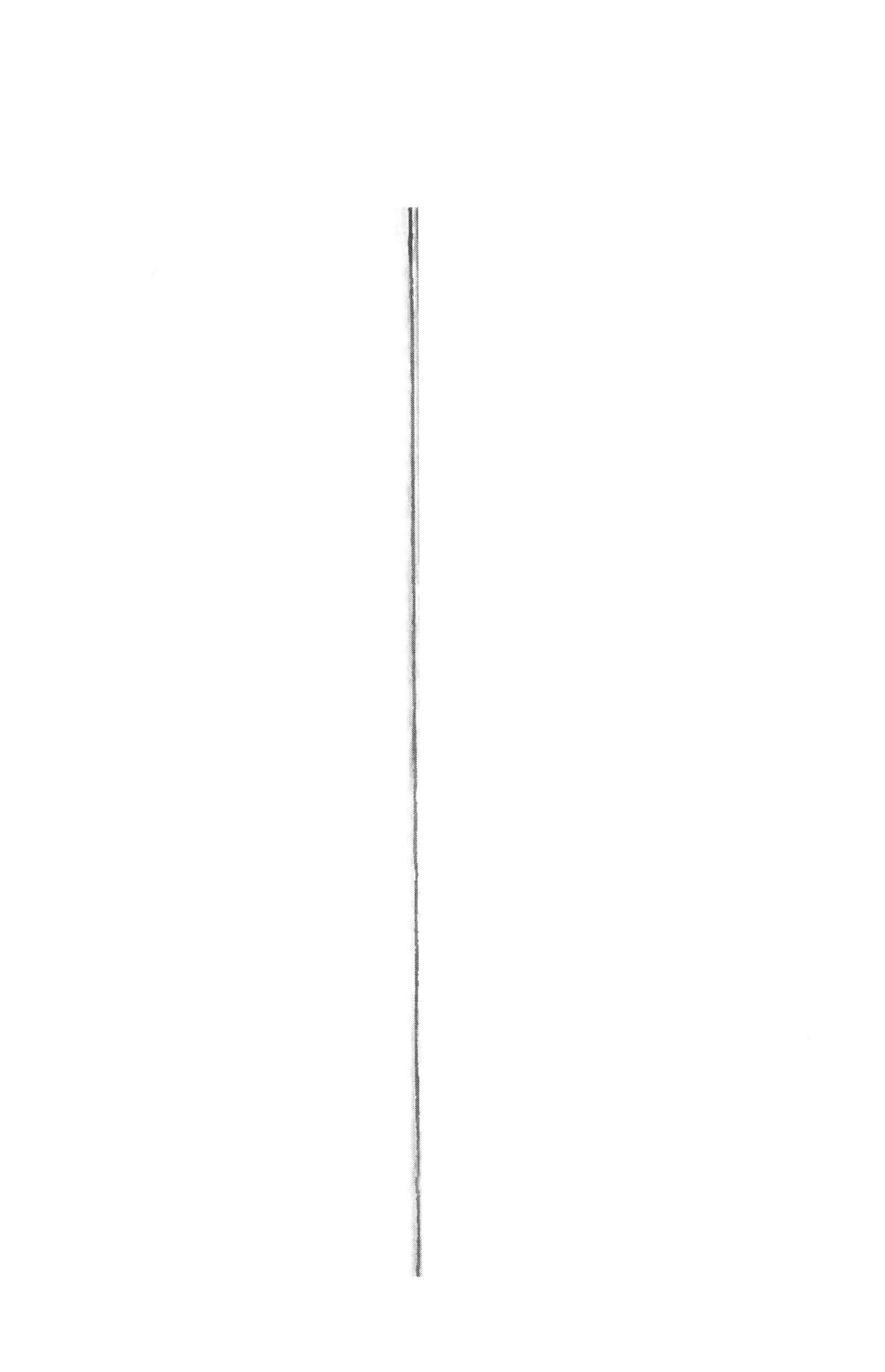

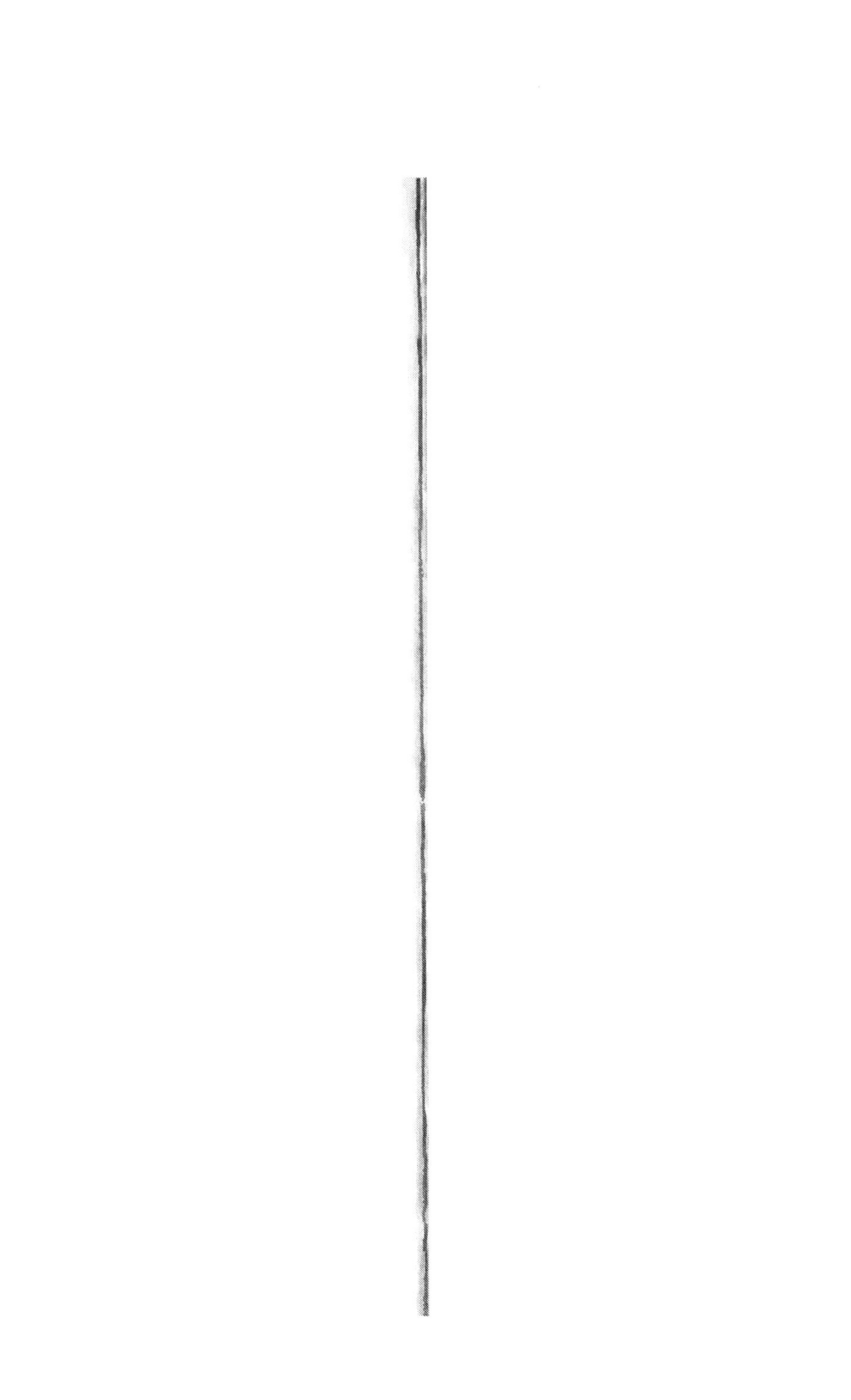

LES CLASSIQUES FRANÇAIS DU MOYEN AGE
publiés sous la direction de MARIO ROQUES

LE GARÇON

ET

L'AVEUGLE

JEU DU XIIIe SIÈCLE

ÉDITÉ PAR

MARIO ROQUES

PARIS

LIBRAIRIE ANCIENNE HONORÉ CHAMPION, ÉDITEUR

5, QUAI MALAQUAIS (VIe)

1912

LES CLASSIQUES FRANÇAIS

DU

MOYEN AGE

COLLECTION DE TEXTES FRANÇAIS ET PROVENÇAUX
ANTÉRIEURS A 1500

PUBLIÉE SOUS LA DIRECTION DE

Mario ROQUES

Directeur adjoint à l'École pratique des Hautes Etudes.

———

Pour paraître en 1911 et 1912 :

Philippe de Novare, MÉMOIRES (1218-1242), éd. par CHARLES KOHLER.

Colin Muset, CHANSONS, éd. par JOSEPH BÉDIER, avec transcription des mélodies par J.-B. BECK.

Peire Vidal, ŒUVRES, éd. par JOSEPH ANGLADE.

Huon le Roi et **Guillaume**, LE VAIR PALEFROI ET LA MALF HONTE, fabliaux du XIIIe siècle, éd. par ARTUR LÅNGFORS.

Guillaume IX, comte de Poitiers, CHANSONS, éd. par ALFRED JEANROY.

LE CORONEMENT LOOÏS, chanson de geste du XIIe siècle, éd. par ERNEST LANGLOIS.

AUCASSIN ET NICOLETTE, chantefable, éd. par MARIO ROQUES.

ASPREMONT, chanson de geste du XIIe siècle, éd. par LOUIS BRANDIN.

GORMOND ET ISEMBART, fragment de chanson de geste du XIIe siècle, éd. par ALPHONSE BAYOT.

Béroul, LE ROMAN DE TRISTAN, éd. par ERNEST MURET.

LES CLASSIQUES FRANÇAIS DU MOYEN AGE

publiés sous la direction de MARIO ROQUES

LE GARÇON

ET

L'AVEUGLE

JEU DU XIIIᵉ SIÈCLE

ÉDITÉ PAR

MARIO ROQUES

PARIS

LIBRAIRIE ANCIENNE HONORÉ CHAMPION, ÉDITEUR

5, QUAI MALAQUAIS (VIᵉ)

1911

INTRODUCTION

―――――

Le Garçon et l'Aveugle met en scène les mauvais tours joués à un aveugle mendiant, d'ailleurs peu digne de pitié, par le valet loué pour le conduire. Cette petite composition a été appréciée diversement, parfois avec sévérité. L'on y trouve, il est vrai, quelques vers d'une grossièreté fâcheuse ; mais l'invention est comique, le dialogue ne manque ni de gaité, ni de naturel, les personnages sont assez nettement dessinés, la versification est adroite.

A défaut de ces mérites, *Le Garçon et l'Aveugle* resterait intéressant : antérieur de près de deus siècles à *Maître Pierre Pathelin*, il est la plus ancienne de nos *farces*, il nous présente pour la première fois ce couple de l'aveugle et de son valet qui reparaîtra jusqu'au xvie siècle dans les farces, mystères ou moralités, qui fournira à l'auteur de *Lazarille de Tormes* un de ses meilleurs chapitres, et dont un trait comique ira jusqu'aus *Fourberies de Scapin* (III, 2 : le maître battu par le valet qu'il ne peut voir et qui parle d'une voix contrefaite)

Nous ignorons quel est l'auteur de la pièce. Elle a été composée sans doute à Tournai, qui est désigné au v. 30 comme le lieu de la scène, les localités mentionnées aus v 190 et 191 peuvent être identifiées avec deus communes voisines de Tournai : ces indications sont d'accord avec celles que fournissent les noms des saints invoqués par le garçon (v 33 et 99) et les particularités dialectales du texte.

La pièce est de la seconde moitié du xiiie siècle : elle est conservée dans un manuscrit de cette époque, et d'autre part elle n'est pas antérieure à 1266. C'est le 6 janvier 1266 que Charles d'Anjou,

frère de Louis IX, reçut le titre de « roi de Sicile » mentionné dans
la curieuse chanson que chante l'aveugle pour attirer les aumónes
(v. 83). Ce prince dut « remander chevalerie » (v. 88) en France
surtout à deus moments : en 1265-6, pour conquérir son royaume ,
c'est l'époque où Rutebeuf s'efforce d'exciter l'enthousiasme pour
l'expédition de Pouille par des pièces qui ne sont pas sans analogie
avec notre chanson (*Diz* et *Chansons de Puille*), et nous savons que
de nombreus chevaliers de Flandre et de la région même de Tournai vinrent alors se joindre à Charles d'Anjou (cf. Gilles li Muisis
dans *Chroniques belges*, II, 155 sq.) ; — en 1282, après les Vêpres
siciliennes, à ce moment de forts contingents d'hommes d'armes
français furent encore amenés à Charles Ier par divers seigneurs et
par son fils, le prince de Salerne. Le second couplet de l'aveugle parle
de ceus qui servent « le fill le roi » (v. 63) : si cette expression ambiguë
désignait le prince de Salerne, l'on serait porté à rattacher la chanson
à la campagne de 1282 ; mais si on l'appliquait à Charles Ier lui-même
(cf. l'insistance de Rutebeuf, *Diz*, v. 10, et surtout d'Adam de la
Halle, *Du roi de Sezile*, v. 84 sq , sur la naissance royale de Charles),
la date de 1266 pourrait paraître plus vraisemblable. Il n'est pas
certain d'ailleurs que la chanson se rapporte à une levée de troupes
exceptionnelle ; elle peut s'expliquer par le besoin permanent où
dut être Charles Ier, et son fils après lui, d'enrôler en France de
nouveaus soldats, enfin la pièce même peut être sensiblement pos-
térieure à la chanson qui y est insérée.

Gaston Paris a placé *le Garçon et l'Aveugle* aus environs de 1277
(*Litt franç. au moyen age*, § 134 , cf *Esquisse*, § 156), sans justifier
cette date qui ne nous parait pas particulièrement indiquée.

Le Garçon et l'Aveugle nous est parvenu dans une seule copie : il
a été transcrit sur les deus derniers feuillets (pages 242 b-245) du
manuscrit franç 24366 (anc. Notre-Dame 275) de la Bibl natio-
nale, à la suite du *Roman d'Alexandre* et de la *Vengeance de la mort
d'Alexandre* de Gui de Cambrai. Ce ms. est d'origine picarde, l'écri-
ture appartient à la seconde moitié du XIIIe siècle. Malgré des
erreurs certaines cette copie n'est pas mauvaise ; du moins elle ne
présente pas, comme on a pu le croire, de lacune apparente : seuls

quelques vers de la p. 245 sont de lecture difficile par suite de
l'usure du parchemin. Au XVe siècle, un lecteur ou un adaptateur a
essayé de rectifier les indications d'interlocuteurs et tenté quelques
menues corrections.

En 1865, M. Paul Meyer a publié ce texte sous le titre : *Du Garçon et de l'Aveugle, saynète du XIIIe siècle*, au tome VI, fasc. 2, du
Jahrbuch für romanische und englische Literatur, pp . 163-72, avec
une brève notice et quelques notes critiques et explicatives.

Notre édition est fondée sur une nouvelle lecture du manuscrit,
qui a permis de rectifier un certain nombre de leçons et de déchif-
frer la partie endommagée de la p. 245. Nous avons mis à profit,
outre l'édition P. Meyer, quelques corrections inscrites par Gaston
Paris en marge de son exemplaire du *Jahrbuch* conservé à la Biblio-
thèque Gaston Paris.

Les *notes critiques* indiquent exactement sur quels points notre
texte diffère de celui du manuscrit, et donnent au besoin les raisons
de nos corrections. Il nous a paru inutile de régulariser la graphie
du manuscrit dont les variations mêmes sont intéressantes, et nous
ne l'avons modifiée que là où elle altérait gravement la rime, le
rythme ou le sens.

Les particularités graphiques ou morphologiques les plus utiles à
connaître pour l'intelligence du texte sont les suivantes :

alternance de *au, eu, ou, o* (*vaurroie* 207, *verroie* 186, *tran* 91,
aus 175, *iaus* 264, etc., *cous* 257, *cops* 162), — échange dans
quelques cas de *l* et *ll*, *r* et *rr*, *s* et *ss* (*veull* 26, etc., *veul* 246;
querrés 20, *demoura* (fut.) 240; *aaisseroie* 108, *puisson* 174), — alternance de *c, k* et *q(u)*, de *c* et *ch*, — absence de *z*, la copie ne connaît
que *s*, — *t* final non francien (*eut* 72, etc., *jolit* 130);

dans les pronoms : alternance de formes toniques et atones au
cas sujet (*je* et *jou* 151 var., *te* 42, 179, et *tu* 193, etc.), de *teus* 165,
184, et *tes* 262, cf. 183 var. ; — dans les verbes : chute de *-s*
et *-t* devant consonne initiale d'un enclitique (*venillié me* 21,
atendé me 145, *laissié m'ent* 215 ; *es ce* 22, *seroi che* 28), — alternance de formes en *-c* ou *-ch-*, et *-t* (*meche* 3, *mete* 7; *peuc*
176, *ot = oc, oi* 11), — des désinences de conditionnel *-iemes* et

-iens (*por iennes* 97, *sauriens* 132), — de *-ur* et *-r* *(venroit*, 152, etc., *convenoit* 111).

Nous avons réuni dans le *glossaire* les noms propres et les mots dont la forme ou le sens peuvent faire difficulté; nous y avons joint des éclaircissements pour quelques expressions obscures. Nous n'avons pu donner une solution à tous les problèmes que pose ce petit texte, nous espérons du moins avoir un peu réduit le nombre des points douteus, en partie grâce à d'obligeantes communications de M. Hocquet, archiviste de la ville de Tournai, et de M. Guesnon

Outre les ouvrages cités ci-dessus, et les diverses études sur le théâtre au moyen âge (dont les indications pour notre piece ne sont pas toujours exactes), l'on pourra consulter sur le thème du *Garcon et de l'Aveugle* :

Henri Chardon, *Farce de l'aveugle et de son valet tort, composée par maistre Francois Briand...* Paris, 1903, p 9-10 et notes , — Foulché-Delbosc, *Remarques sur Lazarille de Tormes* (*Revue hispanique*, VII, p. 93-4), avec deus planches représentant, d'après un ms. de Londres signalé par M. J.-J. Jusserand, des scènes d'aveugle et de valet , — Gustave Cohen, *La scène de l'aveugle et de son valet dans le théâtre francais du moyen age* (*Romania*, XLI, 1912).

DU GARÇON ET DE L'AVEULE

II AVEUI ES

Faites nous bien, seingnor baron,
   que Dieus li fius Marie
vous meche tous en sa maison
   et en sa compaignie !   4
   Veoir ne vous puis mie ;
pour moi vous voie Jesus Cris,
et tous chiaus mete en paradis
   ki me feront aie !   8

A ! mere Dieu, sainte Marie,
souveraine, quele cure est il ?
Je n'ot nului ; trop me tieng vill
que je n'ai au mains un garchon   12
qui me remenast en maison :
car, s'il ne savoit bien canter,
si saroit il dou pain rouver
et moi mener as grans osteus   16

 OR PAROLE LI GARÇONS *(à part)*
E ! las, con je sui disiteus !
    (il aperçoit l'avengle)
Il ne me faut plus nule rien.

OR PAROLE LI GARÇONS *(à l'avengle)*
Sire, vous n'alés mie bien :

vous querrés ja en cest celier.   20

OR PAROIT LI AVEULES
A ! mere Dieu, veuillé me aidier !
Ki es ce qui si bien m'avoie ?

OR PAROLE LI GARÇONS
Preudons, se Jhesus me doint joie,
çou est uns povres triquemers.   24

OR PAROLE LI AVEULES
Pour Dieu, je croi qu'il soit mout bers.
Viengne avant ! a lui veull parler.

OR PAROLE LI GARÇONS
Ves me chi.

LI AVEULES
Te veus tu louer ?

LI GARÇONS
Sire, a quoi seroi che faire ?   28

LI AVEULES
Pour mi pourmener sans meffaire
aval la cité de Tournay :
tu prieras, je canterai ;
s'arons assés argent et pain   32

LI GARÇONS
Hé ! par la panche saint Gillain,
bien me cuidiés ore foubert ;
mais je vous di bien en apert
k'un escuçon le jour aray   36
de tant k'avoeques vous iray,
et si n'en lairai nule cose.

LI AVEULLS

Biaus dous amis, car ne me chose !
Coument t'apel'on ?

LI GARÇONS

        Jehannet.   40

LI AVEULES

Jehannet, tes cors ait dehait,
se te ne l'aras volentiers :
se de mon mestier es maniers,
grans riches hom en devenras.   44

LI GARÇONS

Alons ! je ne m'esmaie pas
d'estre grans maistres temprement
je prierai Dieus griés tourment
envoit tous chiaus k'au povre aveule   48
feront nes une bone seule,
car il l'aroient bien perdu.

LI AVLULES

Biaus dous Jehanet, que dis tu ?
tu me fais au cuer trop grant ire.   52

LI GARÇONS

Ne vous en caille, biaus dous sire .
c'est pour ces vilains decevoir.
Cantés, je vous aiderai voir,
et cascuns dou pain nous donra.   56

OR CANTENT ENSANLE

Mere Dieu, qui vous servira,
    joie a toute sa vie ;
mout bon guerredon en ara
    car en vo compaignie   60

  sera, dame jolie.
Pour tous mes bienfaiteurs vous proi
et pour ciaus qui le fill le roi
  servent sans vilonie.   64

OR LI GARÇONS

Hé ! pour Dieu, ne nous falés mie
que vous dou pain ne nous donnés !
  (à l'aveugle)
Sire. un petit chi m'atendés :
rouver vois a cel grant ostel.   68

LI GARÇONS

Seignor, pour Dieu l'esperitel,
faites un povre aveule bien.

LI GARÇONS

Sire, ne puis avoir nul rien ;
alons ent ; que Dieus lor doint honte ! 72

LI AVEULES

Il n'ont que donner. Or me conte,
Hanet, se nus t'i respondi.

LI GARÇONS

Nenil, sire ; mais j'atendi
qu'il eskingnoient malement.   76

LI AVEULES

Jehanet, par annuiement
eüsses eüt que que soit.

LI GARÇONS

Sire, Jhesus Cris n'i aroit,
car je sui maistres dou mestier ; 80

cantés, nous arons a mangier,
car par parler les vainterai.

OR CANTENT ENDOI ENSAMBLE

Dou roy de Sesile diray,
      que Dieus soit en s'aïe !   84
qui cascun jour est en asay
      contre la gent haïe.
      Or a chevalerie
emandee par tout le mont :   88
out cil qui nule cose n'ont
      iront a ost banie.

LI GARÇONS

Hé ! par le trau sainte Souflie,
sire, se de nient poons vivre,   92
nous serons anquenuit tout ivre :
voiés con cascuns nous aporte !
Par le cul bieu, ne huis ne porte
ne vi encore anuit ouvrir ;   96
chi porriemes de faim morir
ains que nus riens nous aportast.
Par le foi que je doi saint Vast,
ja mais ne quier mener aveule.   100

LI AVEULES

N'avient une aventure seule,
Hanot, foi que je doi tes kennes ;
a un cop ne kiet pas li caisnes.
Se je ja mais pain ne rouvoie,   104
joliement me maintenroie,
tant ai je deniers assamblés.

LI GARÇONS

Mout maisement me resamblés,

sire, que se deniers avoie, 108
moi et vous en aaisseroie ;
ne tant k'il porroient durer
ne vous convèrroit pain rouver,
ains seroit vos sans contredit. 112

LI AVEULES

Hanet, pour tant que tu as dit
partiras a trestout le mien
d'or en avant, je te di bien :
se nous n'avons riens ore eü 116
nous soumes tresbien pourveü
d'avoir a boire et a mengier.

LI GARÇONS

Sire, se Dieus me puist aidier,
vous avés droit. Dieus, con grant feste 120
meurons ! car je sai bien de geste
canter, si vous en deduirai.
Et se mestier avés, je arai
tantost bele garce amenee 124
qui n'ara pas pance ridee,
mais blance, et tenre le viaire :
nus tele ne porroit pourtraire
de pourtraiour ne de pincel ; 128
Gillot un escuier si bel
n'a si jolit ne si bien fait ;
et si ara un tel connait
k'a escuelloites sauriens ens. 132

LI AVEULES

Tu me fais aachier les dens,
Hanet ; de tel raison laidis.
Je ne veull pas que tu me dis

d'avoir garce, que bele l'ai ;   136
et, quant je le pourqulerai,
tu le me venras estuper
c'on li poira tresbien jeter
seur les plantes des piés trois des.   140

II GARÇONS

Sire, vilainement parlés ;
ne parlés plus si laidement.

II AVEULES

Nus ne m'ot fors que tu seulment,
biaus dous Jehannet, ke je sache.   144

LI GARÇONS

Sire, atendé me en ceste plache :
je vois faire un petit d'orine.

LI GARÇONS (d'une voix contrefaite)

Tiuans, Dius vous doint male estrine,
quant si desordenement parlés !   148
Mais chierement le comparrés
(il frappe l'aveugle)
tenés pour çou !

LI AVEULES

Hannet, or me di se je ai plaie.

LI GARÇONS

Plaie ? mais dont venroit li plaie ?   152

II AVEULES

Orendroit une tele paie
me donna ore ne sai cui.

LI GARÇONS

Pour le kul bieu, j'estoie enki.

et que ne me hucastes vous ?   156

LI AVEULES

A ! biaus Jehannet, amis dous,
se j'eüsse un seul mot groucié,
il m'eüst lues tel cop lancié
qu'il i parust toute ma vie.   160

LI GARÇONS

Sire, ne vous esmaiés mie :
on sane mout bien d'orbes cops.

LI AVEULES

Voire, Hanet, mais tout li os
de la joe forment me duellent.   164

LI GARÇONS

Biaus dous sire, de teus cops muerent
aucunes gens ; mais bien garrés,
car anquenuit sus loierés
de la fiente d'un cras poulain,   168
si vous trouverés demain sain.
Je le vous di trestout pour voir,
car jadis, sire, grant avoir
gaaingnai a, sans plus, garir   172
un enfant ki devoit morir :
je li fis une puisson crasse,
devant aus mis, ains de plus crasse
ne peuc avoir, s'ai tout laissié.   176

LI AVEULES

Par foi, Hanet, Dieus t'a aidié
et t'a a bon port arivé :
se sens veus faire, t'as trouvé
qui te soustenra le menton.   180

LI GARÇONS

Sire, mout tres bon valetou
me trouverés, seur et sené.

(à part)

On ara tel linçuel bué
et pendu, qui teus n'estoit mie.   184

LI AVEULES

Hanet, je t'amerai ma vie.
Je vorroie ore estre en maison :
quant tu viens a un grant perron,
deus maisons de la siet mes mes.   188

LI GARÇONS

Sire, donques maint par dalés
Hue qui de Hontevingnies
a le seurnon : vers Ruengnies
siet li vile dont je parole.   192

LI AVEULES

Tu as esté a boune escole,
Hannet ; ja venras a mon mes.

LI GARÇONS

Sire, je i sui ; or vous souffrés,
j'ouverrai l'uis : ou siet li clinke ?   196

LI AVEULES

Hannet, une suelle de venke
a sor le suell ou elle siet.

LI GARÇONS

Sire, ens estes. Or ne vous griet,
mais faites tost apertement   200
et si me donnés de l'argent,
si m'en irai a le vïande.

LI AVEULES

Jehannet, en me bourse grande
a il deniers a grant planté ; 204
prent ent tout a ta volenté :
se poi en as, prent ent encore.
Je vaurroie que ci fust ore
m'amïete, trop le desir. 208

LI GARÇONS

Biau dou sire, a mon revenir
l'amenrai.

LI AVEULES

  Ses ou elle pine ?

LI GARÇONS

Sire, oïl : c'est une mescine
ki fait batre ses angelins ; 212
je l'ai veue aval ces molins
piner caillaus et esbourer.
Faites tost, laissié m'ent aler,
ke li bons vins sera tost hors ; 216
e si metés vo houce fors,
car elle est toute desciree ;
ves, sire, comme est esclouee
la boucle de vostre coroie. 220

LI AVEULES

Prent coroie, boucle, et monoie,
et houche : porte tout refaire ;
bien sai que tu ne pues mefaire ;
mais emploie bien ton argent 224
en vin, en pain et en fourment,
et s'acate boune vïande,
Jehanet, je le te comande,

s'amaine m'amie en ta voie.   228

LI GARÇONS

Volentiers, se Dius me doint joie !
Je m'en vois, or priés pour mi.

LI AVEULES

Va t'ent, je te tieng a ami.

LI GARÇONS *(au public)*

Seignor, ai je bien mis a point   232
cel aweule la qui n'a point
d'argent ne de houce ausi ?
J'en port trestout sans nes un si.
Par foi, il cuidoit que je fusse   236
si povres que je riens n'eüsse,
mais du sien assés humerai
et as compaignons en donrai
tant que riens ne m'en demourra.   240
Mais certes ja ne m'avenra
que le sien en jour de ma vie
en porte que je ne li die ;
se ne lui di, j'aie dehait !   244
          (à l'aveugle)
Sire, querés autre vallet.
Je ne vous veul mie trahir,
je m'aaiserai par loisir
dou vostre, et par droite raison :   248
ne vous ai je bien mené dont ?
Or nes un gré je ne vous sai,
certes, de vo argent que j'ai
ne de vo houce. Je m'en vois.   252

LI AVEULES

Ha ! ha ! Dieus, con je sui destrois !

Ou est li mors, qui tant demeure
ke ne me prent ? Mais ains ceste eure,
certes, demain l'atenderai ;   256
adont bien cent cous li donrai,
foi que je doi m'amie Margue.

LI GARÇONS

Fi de vous ! enne sui je au large ?
Je n'aconte un estront a vous.   260
Vous estes fel et envious ;
se n'estoit pour tes conpaingnons
vous ariés ja mil millons,
mais pour iaus serés deportés.   264
S'il ne vous siet, si me sivés !

EXPLICIT DU GARÇON ET DE L'AVEULE.

NOTES CRITIQUES

TITRE : *manque dans le ms., rétabli ici d'après l'explicit.*

INTERLOCUTEURS : *aucune indication dans le ms. aus vers 1 et 232 ; indications ajoutées par la deuxième main (XIe s.) aus v. 28, 29, 33, 39, 40, 41, 45, 53, 61, 73, 75, 77, 79, 101, 110, 116, 119, 157, 161, 163, 165, 181, 209, 210, 211, 221 : la graphie en est variable, ly aveules, l'aveule, ly garch(ons), le garch(on). — Les indications du copiste du XIIIe siècle sont placées tantôt à la suite du premier vers de la réplique, tantôt à la suite du dernier vers de la réplique précédente ; dans ce dernier cas le lecteur du XIe s. les a grattées ou rayées ou a noté d'un trait le déplacement nécessaire ; ces indications primitives se trouvent à la suite des v. 17, 19, 21, 23, 25, 27^a, 27^b, 31, 39, 43, 51, 56, 64, 68, 70, 72, 74, 75, 76, 78, 82, 90, 99, 109, 115, 118, 132, 140, 142, 144, 147, 151, 152, 153, 155, 162, 164, 176, 179, 184, 188, 192, 194, 196, 198, 208, 210^a, 210^b, 228, 230, 252, 258 : à partir du v. 25 le copiste use des abréviations li aw', li gār, li gā, et, à partir du v. 90, li Ḡ. Les abréviations ont été développées d'après les indications complètes des premières répliques ; les graphies du copiste ont été introduites là où les indications manquaient ou avaient été ajoutées par la deuxième main : les indications erronées aus v. 31 (li aw'), 39 (li gā), 61 (2e main : l'aveule), 162 (li valles), 228 (li aw'), 230 (li Ḡ) ont été rectifiées ou supprimées.*

JEUX DE SCÈNE : *le ms. n'en indique pas ; nous avons noté, entre parenthèses et en italiques, ceux qui paraissaient certains et indispensables.*

TEXTE : *les leçons indiquées ci-dessous et non suivies de sigles sont celles que présente le ms. dans les passages où nous avons cru devoir le corriger ; M indique les lectures ou les corrections de l'édition*

P. Meyer, *P les corrections proposées par* G. Paris : *les corrections de* M *ou de* P *que nous avons introduites dans notre texte ne sont pas reproduites ici, mais la mention* M corr. *ou* P corr. *placée à la suite de la leçon fautive du ms., indique l'auteur dont nous avons adopté la correction.*

18 riens — 20 qu'errés M — 28 Sire, et a quoi P *; nous n'avons pas cru nécessaire de supprimer l'hiatus, cf.* 234 — 40-41 Jehannet *une seule fois dans le ms.* — 52 me mais M — 68 a ces grans osteus — 79 S., J. C m'avoit, *vers trop court,* S. que (ou se) J. C m'avoit M, P corr — 84 en l'arc M — 88 remandé, M corr.

101 Il avient une av. s., Il avient av. s. M, P corr., *cf. glossaire, s. v.* aventure. — 102 Hannet M — *Entre* 103 *et* 104 *viennent dans le ms. les v.* 116-18 *(numérotés par conséquent* 104-106 *dans* M *qui suit exactement l'ordre du ms.), si bien que le dernier de ces vers ne rime avec aucun autre vers immédiatement voisin, et de même le v.* 119, *et qu'une réplique de trois vers au milieu du dialogue, la réplique de l'aveugle constituée par les v.* 112-15 (116-18 *dans* M), *se termine avec le second vers d'un couple, ce qui serait une exception unique aus habitudes de l'auteur ;* M. Meyer *suppose une double lacune d'un vers après* 106 *(notre* 118) *et avant* 119, *mais il ne semble pas qu'il manque rien au dialogue ; il nous a paru plus simple de supposer un déplacement de trois vers, amené peut-être par l'identité du premier mot des v.* 104 *et* 116, *et nous avons corrigé en conséquence.* — 109 et vous et (*le second* et *est une abréviation barrée ultérieurement)* aaisseroie, et vous tot aa M — 113 Jehanet — 123-4 je irai... amener, M corr. — 126 et tenre et le viaire, M corr. — 131 con nait M — 134 Jehanet — 143 M *propose* fois tu seulement. — 151 Jehannet — jou ai — 159 cop donné, P corr. — 162 d'erbes cops, P corr. — 163 V., Jehanet mait tout — 177 Jehanet — 179 se seus (corr. en se ce) M — 183 tes lincius bués, tel linciel bué M — 184 pendus — 185 Jehanet — 190 *Le ms. écrit en deux mots* Honte vingnies. — 196 jou verrai l'uis où siet M — clinkes.

204 a deniers, *vers trop court,* M corr. — 213 ce molin ; *ou pourrait corriger* veue a ces molins — 219 vees — 221 L'usure a *fait disparaître l'initiale du vers.* — 222 et n'est plus apparent — 226 acate, *le* c *est incertain.* — 228 si maine M — 234 ne de sa

houce aussi *P* ; *nous avons conservé l'hiatus, cf.* 28. — 238 humerai, u *et* m *sont incertains.* — 240 demoura, *cf. Introduction, p.* v, *M corr.* — 243 en parte *M* — 245 S., tenés vostre v. *M* — 247 m'aiserai, *M corr.* — 248 et om. *M.* — 249 vous ai je b. mené dont, *vers trop court ; la première lettre de* mené *est incertaine : P. corr.* — 250 gré *n'est pas dans le ms., où il n'y a pas de lacune apparente,* nes un jeu .... vous sai *M, P corr.* — 259 ou ne *M.*

Le manuscrit écrit en toutes lettres aveule (18 *et* esplicit), pour (150), vous (3, 4, *etc.*), *les abréviations qui se rencontrent ailleurs pour ces mots ont été résolues d'après ces formes complètes ; pour* mout *et* con, com, *isolé ou en composition, le ms. a toujours des abréviations ; il écrit* .j. *aus v.* 12, 70, 103, 129, 131, 146, 158, 187, 265, — .iij. *au v.* 140, — .c. *au v.* 262 ; *nous avons partout transcrit en toutes lettres. Enfin nous avons remplacé partout* x *final par* us, *les deus graphies alternant dans le manuscrit.*

Le lecteur du XIe *siècle a rétabli à diverses reprises* Jehanet *ou* Jehan *au lieu de* Hanet *etc., rayé* trau *au v.* 91, *et corrigé aus v.* 95 *et* 155 cul bleu *en* mort bleu.

Les pages et colonnes du ms. commencent aus points suivants : 242 b, *vers* 1 ; 243 a, *v.* 43 ; 243 b, *v.* 81 ; 244 a, *v.* 124 ; 244 b, *v.* 164 ; 245 a, *v.* 204 ; 245 b, *v.* 243.

GLOSSAIRE

aachier (faire a. les dens) 133, *agacer les dents.*

aaisier *réfl.* 247, *profiter, jouir de.*

aconter 260, *estimer à la valeur de.*

amïete 208, *maîtresse.*

angelins 212, agnelins, *peaux d'agneau ou laine d'agneau, laine courte.*

anquenuit 93, 167, *ce soir.*

anuiement 77, *insistance.*

apert (en) 33, *franchement.*

ariver a bon port 178, *amener à bon port.*

asay 85, *épreuve.*

atendre 75, *remarquer.*

aventure 101, *cf. Gilles li Muisis, II, 382 : On dist quant une vient elle ne vient pas seule.*

bers 25, *brave, courtois.*

bone 49, *bienfait, aumône.*

bué 183, *lessivé, cf.* linguel.

caillaus 214, *il s'agit ici sans doute de coaillaus, c'est-à-dire de la laine de médiocre qualité que fournissent la queue et les cuisses du mouton, cf. Godefroy s. v. escouailler, escouailles et Littré s. v. coaille, écouailles.*

choser 39, *disputer avec quelqu'un.*

clinke 196, *clenche, pièce mobile du loquet.*

comparer 149, *payer.*

connait 131, connet ; *cf. dans Godefroy un autre exemple de ce diminutif.*

corroie 220, 221, *ceinture.*

cul bieu (par ou pour le) 95, 133, *par le c. Dieu.*

dalés (par) 189, *à côté de.*

debait (avoir) 41, 244, *être maudit.*

deporté 264, *dispensé, privé.*

desordenement 148, *d'une façon inconvenante ; l'e de la troisième syllabe est muet et ne compte pas dans le vers.*

destrois 253, *malheureux.*

disiteus 17, *misérable.*

dont 249, *renforce ici l'interrogation.*

enne 259, *ne... pas ?*

esbourer 214, *enlever la bourre de la laine ou les nœuds du drap.*

esclouee 219, *déclouée.*

escuçon 36, *un petit écu (par jour).*

escuelloites (a) 132, *avec élan, à la course.*

eskingner 76, *se moquer.*

esmaier *réfl.* 45, *s'étonner ;* 161, *s'inquiéter.*

estrine (male) 147, *mauvaise fortune.*

estuper 138, *plier le corps en deux ; cf. a. fr. a estupons et flam. stuipen.*

foi 99, 102, 236, 258, *dans des formules de serment ou seulement d'affirmation.*

foubert 34, *niais, dupe, cf. Courtois d'Arras, 258.*

GILLAIN (saint) 33, *S. Guilain.*

GILLOT 129, (?), *peut-être y a-t-il là une allusion à Gilles de Chin ; les v. 129-30 nous restent obscurs.*

griet 199, *subj. pr. 3 de grever, être désagréable.*
groucier 158, *murmurer, grogner.*
guerredon 59, *récompense.*

HAN(N)ET 74, 113, 134, 151, 163, 177, 185, 194, 197 ; HANOT, 102.
HONTEVINGNIES 190, *sans doute Hennuain, au N.-O. de Tournai, sur la rive gauche de l'Escant ; la déformation du nom peut être intentionnelle, cf. la note critique à 190.*
houce 217, 234, 252, houche 222, *robe de dessus, longue et ample.*
HUE DE HONTEVINGNIES 190, *cf.* HONTEVINGNIES.
humer 238, *boire.*

JEHA(N)NET 40, 41, 51, 77, 144, 157, 203, 227.

kennes 102, *joues, mâchoires.*

laidir 134, *faire outrage.*
linçuel 185, *drap ; il y a ici un jeu de mots, peut-être sur* pendu *: le garçon dirait en aparté qu'on en a pendu (comme, après la lessive, on pend les draps) qui ne le valaient pas en friponnerie.*
loisir (par) 247, *à l'aise.*
lues 159, *aussitôt.*

maisement 107, *mal, peu.*
maistre 80, *habile dans un métier ;* grans m. 46, *personnage d'importance.*
maniers 43, *habile.*
MARGUE 258.
menton (soustenir le) 180, *aider quelqu'un, l'appayer.*
mes 188, 194, *demeure.*
molins (aval ces) 213 ; *il s'agit de moulins à foulons nombreux à Tournai.*

erbes cops 162, *contusions.*

paie 153, *don, et par plaisanterie ici : coup.*

partir 114, *avoir part.*
pendu 184. *cf.* linçuel.
piner 210, 214, *peigner la laine ; la rue des Piniers était à Tournai parallèle à la rue des Aveugles et très voisine. Pour les autres allusions à la draperie contenues dans ce passage, cf.* angelins, caillaus, esbourer, molins ; *l'on peut penser que ces allusions se doublent d'équivoques grossières.*
point (mettre a) 232, *arranger, mater, régler le compte de quelqu'un.*
porriemes 97, *cond. 4 de* pooir.
pourquler 137, *renverser.*
pourtraiour 128, *ce qui sert à dessiner.*
puisson 174, *potion ; nous ne pouvons expliquer les v. 174-6.*

querrés 20, *fut. 5 de* keoir, *choir.*

rouver 15, 68, 104, 111, *demander.*
RUENGNIES 191, *peut-être Ramegnies-Chin, au N. de Tournai, sur la rive gauche de l'Escant.*

saner 162, *guérir.*
sauriens 132, *cond. 4 de* saillir.
sens (faire) 179, *bien agir.*
SESILE (roy de) 83, *Charles d'Anjou, frère de S. Louis, cf. p.* III.
si (sans nes un) 235, *sans restriction.*
SOUFIE (sainte) 91, *S. Sophie.*

temprement 46, *bientôt.*
tes 262, *tels.*
TOURNAY 30.
triquemers 24, *pauvre diable (?).*

valeton 181, *jeune serviteur.*
VAST (saint) 99.
venke (fuelle de) 197, *pied de pervenche.*
viaire 126, *visage.*
vïande 202, 226, *provisions de bouche.*
vilonie (sans) 64, *loyalement.*
volentiers 42, *facilement.*

LES CLASSIQUES FRANÇAIS

DU

MOYEN AGE

COLLECTION DE TEXTES FRANÇAIS ET PROVENÇAUX
ANTÉRIEURS A 1500

PUBLIÉE SOUS LA DIRECTION DE

Mario ROQUES

Directeur adjoint à l'École pratique des Hautes Études.

ABBEVILLE, IMPRIMERIE F. PAILLART.